カーネギーおじさんに教《おそ》わるシリーズ②

こども『道《みち》は開《ひら》ける』

著《ちょ》
齋《さい》藤《とう》孝《たかし》

みのなくし方《かた》

創元社

はじめに

この本《ほん》は、アメリカ人《じん》のデール・カーネギーさんが書《か》いた『道《みち》は開《ひら》ける』という本《ほん》を、日本《にほん》のこどもたちのためにぼくがわかりやすく解説《かいせつ》したものです。「なやみのなくし方《かた》」や「なやみの解決《かいけつ》のし方《かた》」など、なやみについてやさしく書《か》いてあります。

カーネギーさんの『道《みち》は開《ひら》ける』は、あまりにいい本《ほん》だったので、出版《しゅっぱん》されたあと、この本《ほん》を元《もと》にしてたくさんの本《ほん》が出《で》たくらい、すばらしいものなんです。

いままで小学生《しょうがくせい》がこの本《ほん》を読《よ》むことはあまりなかったと思《おも》います。でもみんなだってなやみはたくさんあるはずです。勉強《べんきょう》が苦手《にがて》だったり、友《とも》だちとうまくいかなかったり。いろんなことがある中《なか》で、なやみの解決法《かいけつほう》が

わからなくて、「なやみぐせ」がついてしまうと、大人《おとな》になってからも苦労《くろう》します。

だって、いつもなやんでばかりいて、ため息《いき》ばかりついていたり、ぐちばっかり言《い》っている人《ひと》がいたら、きらわれてしまうでしょう？　この本《ほん》を読《よ》んで、なやまないやり方《かた》を身《み》につけておくと、みんなが中学《ちゅうがく》、高校《こうこう》にいき、そして仕事《しごと》についたときも、「なやみぐせ」がないから、天下無敵《てんかむてき》になります。明《あか》るく人生《じんせい》がすごせるんです。

大人《おとな》たちはみんな言《い》っています。「この本《ほん》の内容《ないよう》をこどものころから知《し》っておきたかった」と。みなさんはラッキーでした。この本《ほん》を読《よ》んで、なやみを解決《かいけつ》する無《む》敵《てき》の方法《ほうほう》を身《み》につけてください。

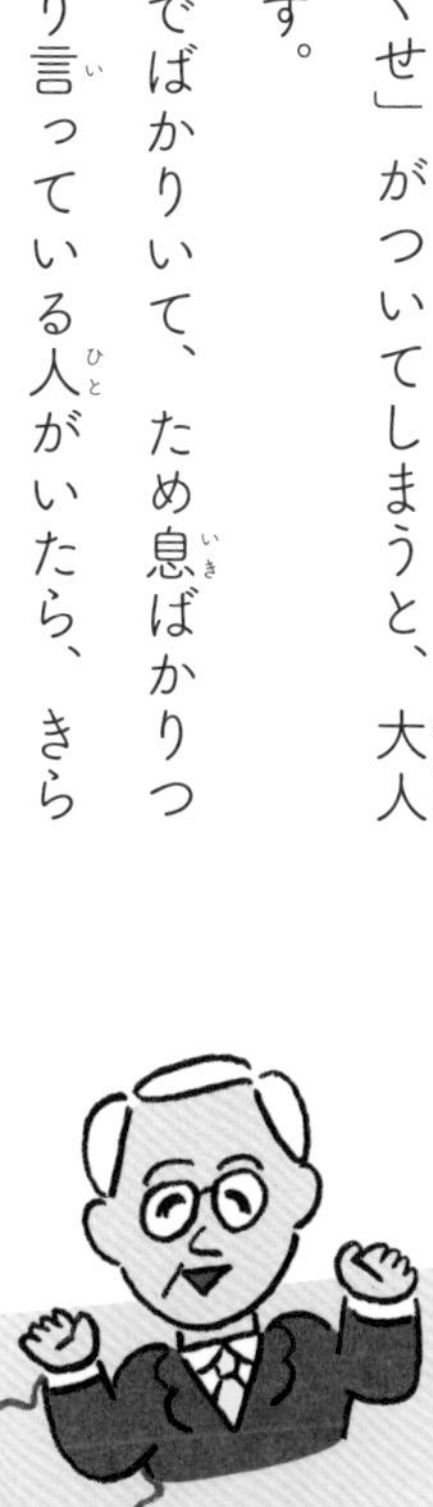

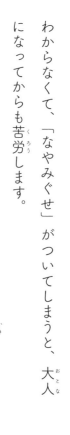

もくじ

第《だい》3章《しょう》 人《ひと》から何《なに》かされても気《き》にしない

第《だい》4章《しょう》 なやみや疲《つか》れは予防《よぼう》できるのかな

この本《ほん》の読《よ》み方《かた》

Q 01

いつかパパやママが死《し》んじゃったら、どうしよう

きのうと明日《あす》は、
鉄《てつ》の扉《とびら》で閉《と》ざそう！
今日《きょう》一日《いちにち》だけを
精一杯《せいいっぱい》生《い》きよう！
今日《きょう》一日《いちにち》なら
がんばれる！
今日《きょう》は新《あたら》しい人生《じんせい》だ！

カーネギーのことば

過去《かこ》と未来《みらい》を鉄《てつ》の扉《とびら》で閉《と》ざせ。
今日《きょう》一日《いちにち》の区切《くぎ》りで生《い》きよう。

来月《らいげつ》の劇《げき》で石《いし》ころの役《やく》がうまくできるか心配《しんぱい》だな…

今日《きょう》の晩《ばん》ごはんでおかわりしまくることだけ考《かんが》えよう！

012　第1章　なやんだら、どうやって解決するの？

『道《みち》は開《ひら》ける』にのっている文《ぶん》章《しょう》だよ。おとなりの解説《かいせつ》といっしょに読《よ》むと、大人《おとな》の文章《ぶんしょう》もわかるようになって、楽《たの》しいね。

カーネギーおじさんの言葉《ことば》を、みんなにあわせて、わかりやすく説明《せつめい》している“こども訳《やく》”だよ。イラストを見《み》ながら読《よ》んでみて。

みんなが困《こま》ったり、心配《しんぱい》なことをあげているよ。「こんなときどうしたらいいの？」と思《おも》ったらさがしてみてね。

カーネギーおじさんが、みんなにもぜひ知《し》っておいてもらいたいことをアドバイスしているよ。

今日《きょう》だけ明《あか》るい気持《きも》ちで生《い》きれば、それで大丈夫《だいじょうぶ》！

［齋藤《さいとう》先生《せんせい》の解説《かいせつ》］

みんなはいろんなことを心配《しんぱい》していると思《おも》うけど、カーネギーさんは「今日《きょう》のことだけ考《かんが》えなさい。それだけ考《かんが》えていれば大丈夫《だいじょうぶ》」と言《い》っています。ときどき、次《つぎ》の次《つぎ》の次《つぎ》の日《ひ》のことまで心配《しんぱい》して、ゆううつになっちゃう人《ひと》っているよね。ぼくもそうでした。冬《ふゆ》にテストがあるというだけで、秋《あき》ぐらいからいやになっちゃうんです。それで勉強《べんきょう》すればいいんだけど、それもしないでずっといやな気持《きも》ちでいただけだから、あとで「いやな気持《きも》ちでいた毎日《まいにち》を、楽《たの》しくすごせばよかったな」と思《おも》いました。

明日《あす》はテストかもしれないけど、今日《きょう》じゃないんだから、今日《きょう》は明《あか》るい気持《きも》ちですごせばいい。今日《きょう》を精一杯《せいいっぱい》楽《たの》しく生《い》きれば、毎日《まいにち》はそのくり返《かえ》し。結《けっ》局楽《きょくたの》しい毎日《まいにち》が続《つづ》くんだよ、ということです。

それゆえ、明日《あす》のことを考《かんが》えるな。
明日《あす》のことは明日《あす》自身《じしん》が考《かんが》えるだろう。
一日《いちにち》の苦労《くろう》はその一日《いちにち》だけで十分《じゅうぶん》だ。

――イエス・キリスト

013

みんなのなやみにこたえる偉人《いじん》のことばを紹介《しょうかい》するよ。有名《ゆうめい》なことばも多《おお》いので、覚《おぼ》えておくと便利《べんり》だよ。

『道《みち》は開《ひら》ける』に書《か》いてある知恵《ちえ》を、みんなにもわかるように解説《かいせつ》してあるよ。「よくわからないな」と思《おも》ったときは、大人《おとな》の人《ひと》に聞《き》いてみてね。

この本《ほん》に載《の》っている「カーネギーのことば」は、『新装版《しんそうばん》 道《みち》は開《ひら》ける』（香山晶《かやまあきら》 訳《やく》、創元社《そうげんしゃ》）から引用《いんよう》しました。

第《だい》1章《しょう》

なやんだら、どうやって解決《かいけつ》するの？

なやみって、小《ちい》さいものから大《おお》きいものまでいろいろあるよね。

なやんだときはどうしたらいいんだろう。

カーネギーさんがなやみの解決法《かいけつほう》を教《おし》えてくれるよ。

Q 01 いつかパパやママが死《し》んじゃったら、どうしよう

きのうと明日《あす》は、
鉄《てつ》の扉《とびら》で閉《と》ざそう！
今日《きょう》一日《いちにち》だけを
精一杯《せいいっぱい》生《い》きよう！
今日《きょう》一日《いちにち》なら
がんばれる！
今日《きょう》は新《あたら》しい人生《じんせい》だ！

カーネギーのことば

過去《かこ》と未来《みらい》を鉄《てつ》の扉《とびら》で閉《と》ざせ。
今日一日《きょういちにち》の区切《くぎ》りで生《い》きよう。

来月《らいげつ》の劇《げき》で石《いし》ころの役《やく》がうまくできるか心配《しんぱい》だな…
今日《きょう》の晩《ばん》ごはんでおかわりしまくることだけ考《かんが》えよう！

今日《きょう》だけ明《あか》るい気《き》持《も》ちで生《い》きれば、それで大丈夫《だいじょうぶ》！

［齋《さい》藤《とう》先《せん》生《せい》の解《かい》説《せつ》］

みんなはいろんなことを心配《しんぱい》していると思《おも》うけど、カーネギーさんは「今日《きょう》のことだけ考《かんが》えなさい。それだけ考《かんが》えていれば大丈夫《だいじょうぶ》」と言《い》っています。ときどき、次《つぎ》の次《つぎ》の次《つぎ》の日《ひ》のことまで心配《しんぱい》して、ゆううつになっちゃう人《ひと》っているよね。ぼくもそうでした。冬《ふゆ》にテストがあるというだけで、秋《あき》ぐらいからいやになっちゃうんです。それで勉強《べんきょう》すればいいんだけど、それもしないでずっといやな気持《きも》ちでいただけだから、あとで「いやな気持《きも》ちでいた毎日《まいにち》を、楽《たの》しくすごせばよかったな」と思《おも》いました。
明日《あす》はテストかもしれないけど、今日《きょう》じゃないんだから、今日《きょう》は明《あか》るい気持《きも》ちですごせばいい。今日《きょう》を精一杯《せいいっぱい》楽《たの》しく生《い》きれば、毎日《まいにち》はそのくり返《かえ》し。結《けっ》局《きょく》楽《たの》しい毎日《まいにち》が続《つづ》くんだよ、ということです。

それゆえ、明日《あす》のことを考《かんが》えるな。
明日《あす》のことは明日《あす》自身《じしん》が考《かんが》えるだろう。
一日《いちにち》の苦労《くろう》はその一日《いちにち》だけで十分《じゅうぶん》だ。

——イエス・キリスト

Q 02 足《あし》が遅《おそ》いのに、リレーに出《で》ることになっちゃった！

魔《ま》法《ほう》の解《かい》決《けつ》法《ほう》
一《いち》、最《さい》悪《あく》を考《かんが》える。
二《に》、最《さい》悪《あく》のことを覚《かく》悟《ご》する。
三《さん》、落《お》ち着《つ》いて、最《さい》悪《あく》にならないよう努《ど》力《りょく》する。

カーネギーのことば

私《わたし》たちが最《さい》悪《あく》の事《こと》柄《がら》を受《う》け入《い》れてしまえば、もはや失《うしな》うものはなくなる。裏《うら》を返《かえ》して言《い》えば、どう転《ころ》んでも儲《もう》けものなのだ！

足《あし》が遅《おそ》いのにリレーに出《で》て大丈夫《だいじょうぶ》かな…
後《うし》ろ向《む》きに走《はし》って大《おお》きな穴《あな》に落《お》ちて3日《みっか》ほど出《で》られないことと比《くら》べたら前《まえ》に進《すす》むだけいいよ

最悪《さいあく》のことを考《かんが》えて、次《つぎ》にどうするか考《かんが》える

［齋藤《さいとう》先生《せんせい》の解説《かいせつ》］

なやみを抱《かか》えると「どうしよう、どうしよう」って思《おも》うけど、どんななやみでも解決《かいけつ》できる魔法《まほう》の解決法《かいけつほう》がある、とカーネギーさんが教《おし》えてくれるよ。まず最初《さいしょ》に、最悪《さいあく》のことを考《かんが》えるんだ。試合《しあい》に負《ま》けるのが心配《しんぱい》だったら、もう最悪《さいあく》の点差《てんさ》で負《ま》けることを想像《そうぞう》する。好《す》きな子《こ》に告白《こくはく》しようかなやんでいるなら、思《おも》いっきりふられることを考《かんが》える。「ふ〜、これが最悪《さいあく》だとわかった」ととりあえず受《う》け入《い》れるんだ。それから落《お》ち着《つ》いて考《かんが》えてみる。「じゃあ、次《つぎ》にどうしよう」。もし試合《しあい》にボロ負《ま》けしても、殺《ころ》されるわけじゃないよね。好《す》きな子《こ》にふられたって、そのあと一生《いっしょう》好《す》きな子《こ》ができないわけじゃない。命《いのち》がとられるわけじゃないんだから、と思《おも》うと、気《き》がラクになってくるよ。

真《しん》の心《こころ》の平和《へいわ》は、
最悪《さいあく》の事柄《ことがら》をそのまま受《う》け入《い》れることによって得《え》られる。
心理学的《しんりがくてき》に考《かんが》えれば、エネルギーを開放《かいほう》することになるからであろう。

——林語堂《りんごどう》（中国《ちゅうごく》の思想家《しそうか》）

Q
03
テストで最悪《さいあく》の点数《てんすう》を取《と》っちゃった！

事実《じじつ》を見《み》る！
なやむのをやめる！
なにかをしてみる！

カーネギーのことば

事実《じじつ》を直視《ちょくし》するんだ！
悩《なや》むのをやめなさい！
そして、何《なに》かをしてみることです。

わ〜 29点《てん》だ…
いいじゃん 29点《てん》
お肉《にく》(29)食《た》べて
勉強《べんきょう》して 86点《てん》とって
ハム(86)食《た》べよう！

なやんでばかりいないで、行動《こうどう》してみよう

［齋藤《さいとう》先生《せんせい》の解説《かいせつ》］

「ああなったらどうしよう」「こうなったらどうしよう」と妄想《もうそう》ばかりしていないで、「事実《じじつ》はこれなんだ」と受《う》け止《と》めることが大事《だいじ》だよ。それからできることをやってみるんだ。ぼくはあるテストが全《ぜん》然《ぜん》できなくて、返《かえ》ってきた答案《とうあん》を見《み》たくなかったんだ。でもそれだとずっといやな気持《きも》ちのままだから、思《おも》い切《き》って見《み》てみたんだよ。そしたら36点《てん》。「うーん、ビミョー。でもなやむより何《なに》かしなきゃいけないんだな。間違《まちが》えたのはどの問題《もんだい》かな」。

そうやって調《しら》べていったら、ある問題集《もんだいしゅう》から似《に》た問題《もんだい》が出《で》ていることがわかったんだ。それをちゃんと勉強《べんきょう》したら、次《つぎ》のテストで80点《てん》とれたんだよ。

だから「ああ、いやだ、いやだ」と言《い》っていないで、まず事実《じじつ》を見《み》て、調《しら》べて、それで何《なに》かやってみる。そうすれば解決《かいけつ》の道《みち》が見《み》えてくるよ。

悩《なや》みに対《たい》する戦略《せんりゃく》を知《し》らない者《もの》は若死《わかじ》にする。

――アレクシス・カレル（フランスの外科医《げかい》）

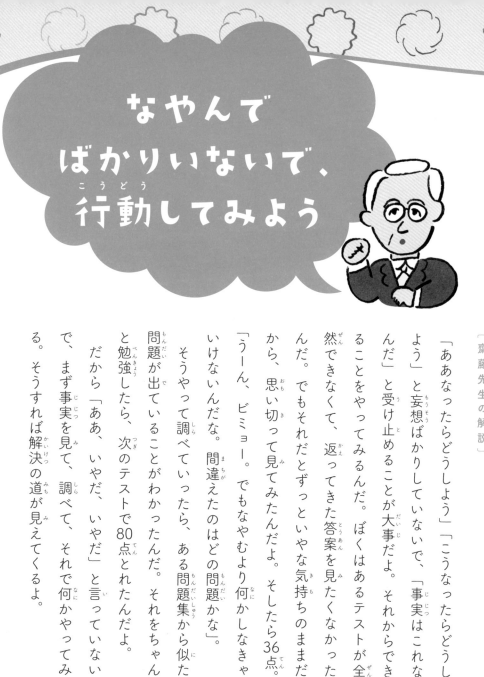

Q
04
次《つぎ》から次《つぎ》へとなやみが止《と》まらない！

一《いち》、なやみを書《か》く！
二《に》、自《じ》分《ぶん》にできることを書《か》く！
三《さん》、あとは、決《けつ》断《だん》と、実《じっ》行《こう》あるのみ！

カーネギーのことば

一《いち》、事《じ》実《じつ》の把《は》握《あく》
二《に》、事《じ》実《じつ》の分《ぶん》析《せき》
三《さん》、決《けつ》断《だん》――そして実《じっ》行《こう》。

・お供《とも》が集《あつ》まらない
・きびだんごがもうない
まずはきびだんご作《つく》れるようになったら？

なやんでいることと
できることを書《か》けば、
あとはやるだけ

〔齋藤先生《さいとうせんせい》の解説《かいせつ》〕

いやなことがあると、「もう何《なに》もかもいやや！」という人《ひと》がいます。「じゃ、コンビニがあるのもいやなの？」「アイスクリームはないほうがいいの？」と聞《き》いてみると、そうでもない。何《なに》もかもいやじゃないんだね。だからぼくは、なやんでいる人にいやなことを全部《ぜんぶ》書《か》き出《だ》してもらうようにしているんだ。3つくらいまではすぐ書《か》けます。だけど、10個《こ》、20個《こ》はもう無理《むり》。だいたい、なやみは3つたまると、世《よ》の中《なか》ぜんぶがいやになるようにできているんだよ。覚《おぼ》えておいて。そして自分《じぶん》にできることを書《か》いていく。あとは、「できること」をやるだけだよ。なやみは幽霊《ゆうれい》と同《おな》じ。明《あか》るいところにひっぱり出《だ》してみると、消《き》えてしまう。なやみも文字《もじ》にして書《か》き出《だ》してみると、「なんだ、そんなにたいしたことないじゃん」と思《おも》えるんだ。

ひとたび決断《けつだん》を下《くだ》し、
あとは実行《じっこう》あるのみとなったら、
その結果《けっか》に対《たい》する責任《せきにん》や心配《しんぱい》を完全《かんぜん》に捨《す》て去《さ》ろう。

――ウィリアム・ジェイムズ（アメリカの心理学者《しんりがくしゃ》）

Q 05
ああ、もう宿題《しゅくだい》が終《お》わらない！なにもかもいやだ！

で、問題《もんだい》はなんだっけ？原因《げんいん》はなんだろう？解決策《かいけつさく》を3つ考《かんが》えてその中《なか》のベストを選《えら》ぶ！

カーネギーのことば

一《いち》、問題点《もんだいてん》は何《なに》か？　二《に》、問題《もんだい》の原因《げんいん》は何《なに》か？
三《さん》、いくとおりの解決策《かいけつさく》があって、それらはどんなものか？
四《よん》、望《のぞ》ましい解決策《かいけつさく》はどれか？

あー宿題《しゅくだい》が終《お》わらない…！
まずはサッカーやめて
オニギリ食《た》べるのやめて
ジャガイモの着《き》ぐるみ
脱《ぬ》ごう！それからだ！

何《なに》が問題《もんだい》かわかれば、解決《かいけつ》は見《み》えてくる

［齋《さい》藤《とう》先《せん》生《せい》の解《かい》説《せつ》］

「もう本当《ほんとう》にいやになっちゃった」と思《おも》ったとき、「何《なに》が問題《もんだい》だっけ？」と、冷静《れいせい》になって考《かんが》えてみよう。そしてどうやったら解決《かいけつ》できるか考《かんが》える。ひとつだけじゃなくて3つ考《かんが》えるんだよ。その中《なか》からベストだと思《おも》うものを決《き》める。そしたら、あとはやるだけ。宿題《しゅくだい》が終《お》わらないんだったら、終《お》わらせる方法《ほう》は、1、誰《だれ》かにやってもらう、2、やらないでそのまま放《ほう》っておく、3、できるものからとりかかる。解決策《かいけつさく》を見《み》ているうちに、自然《しぜん》にいちばんいいものが飛《と》び出《だ》してくる、とカーネギーさんは書《か》いています。ある会社《かいしゃ》の社長《しゃちょう》さんがやらなきゃいけないことを書《か》き出《だ》していって、いちばんやらなきゃいけないことだけをやっていたら、会社《かいしゃ》が大《おお》きくなったんだって。だからベスト3の中《なか》からベスト1を選《えら》んでやればいいよ。

事態《じたい》を改善《かいぜん》するためには、
相談《そうだん》よりも実行《じっこう》のほうに
時間《じかん》を多《おお》く振《ふ》り向《む》けることにしているのです。

——レオン・シムキン（ホテル総支配人《そうしはいにん》）

Q
06
友《とも》だちに傷《きず》つくことを言《い》われて、すごくいやな気持《きも》ち

忙《いそが》しければ、なやんだりするひまがない！とにかく活動《かつどう》する！

カーネギーのことば

忙《いそが》しい状態《じょうたい》でいること。悩《なや》みを抱《かか》えた人間《にんげん》は、絶望感《ぜつぼうかん》に打《う》ち負《ま》けないために、身《み》を粉《こ》にして活動《かつどう》しなければならない。

まずは小屋《こや》を作《つく》って
森《もり》にハチミツ採《と》りにいって
川《かわ》にサケ獲《と》りにいって
かわいいお花《はな》みつけて…
忙《いそ》しそうだね

用事《ようじ》をどんどん入《い》れよう

［齋藤《さいとう》先生《せんせい》の解説《かいせつ》］

もしいやなことがあったとするね。そしたら用事《ようじ》をどんどん入《い》れちゃうのがいいんだよ。今日《きょう》はこの友《とも》だちに会《あ》って、それからおかあさんとここに行って、そのあとおじいちゃんに電話《でんわ》して、このテレビ番組《ばんぐみ》も見《み》て、とかいっぱい用事《ようじ》をつくるんだ。「ああ、忙《いそが》しい、忙《いそが》しい」と言《い》っていると、なやみごとが遠《とお》くにいっちゃいます。ぼくはいやなことがあると、録画《ろくが》してある映画《えいが》をたて続《つづ》けに見《み》ます。ある週《しゅう》末《まつ》に9本《ほん》見《み》たことがあって、すると金曜日《きんようび》にあったいやなことを、みんな忘《わす》れちゃった。ぼくはそれを「時間《じかん》を速《はや》く回《まわ》す」と言《い》っています。暇《ひま》だからいろいろ考《かんが》えちゃうんだ。だから、夜《よる》、いやなことをいろいろ思《おも》い出《だ》しちゃう人《ひと》は、夜《よる》にやることをたくさん用意《ようい》しておくといいよ。

私《わたし》は忙《いそが》しすぎる。
悩《なや》んだりするひまがない。

——ウィンストン・チャーチル（イギリスの政治家《せいじか》）

Q 07
前髪《まえがみ》を切《き》りすぎちゃって、恥《は》ずかしくて学校《がっこう》に行《い》けない！

小《ちい》さな虫《むし》の大群《たいぐん》が
巨木《きょぼく》を倒《たお》す！
小《ちい》さな気《き》がかりが
心《こころ》を倒《たお》す。
小《ちい》さなことに
こだわるな！

カーネギーのことば

ただ悩《なや》みという小《ちい》さな虫《むし》、
指《ゆび》でひねりつぶせるほどの小《ちい》さな虫《むし》によって、
心《こころ》を食《く》い破《やぶ》られていないだろうか？

小《ちい》さなことで心《こころ》を乱《みだ》してはいけない

［齋藤《さいとう》先生《せんせい》の解説《かいせつ》］

「前髪《まえがみ》を切《き》りすぎちゃった」とか「あの子《こ》にあんなこと言《い》って気《き》にしてないかな」とか、小《ちい》さな気《き》がかりでも、こだわっていると、実《じつ》は大《おお》きくなってしまうんだよ。シロアリみたいな虫《むし》も一匹一匹《いっぴきいっぴき》は小《ちい》さくても、たくさん集《あつ》まると、大《おお》きな木《き》も倒《たお》れちゃう。だから小《ちい》さいことにこだわらないようにしよう。

いろんなことを気《き》にするタイプの人《ひと》は、「小《ち》っちゃいことは気《き》にするな」と口癖《くちぐせ》にしておくといいよ。でも細《こま》かいところが気《き》になる性格《せいかく》は悪《わる》いことばかりじゃないんだ。かわいいケーキをつくろうと思《おも》ったら、細《こま》かい細工《さいく》をしないといけないし、お医《い》者《しゃ》さんになる人《ひと》は患者《かんじゃ》さんの小《ちい》さな症状《しょうじょう》も見逃《みのが》しちゃいけないよね。小《ちい》さいことにこだわる性格《せいかく》の人《ひと》は、それを心配《しんぱい》ごとに使《つか》わないで、もっと別《べつ》のことに使《つか》おうね。

人生《じんせい》は短《みじか》すぎる。
小事《しょうじ》にこだわってはいられない。
——ベンジャミン・ディズレーリ（イギリスの政治家《せいじか》）

Q 08 こわい病気《びょうき》にかかったんじゃないかといつも心配《しんぱい》なんだ

とりこし苦労《ぐろう》はやめよう！いま心配《しんぱい》していることはホントに起《お》こるのか？確率《かくりつ》を考《かんが》えてみよう！

だんだん頭《あたま》のお皿《さら》が白《しろ》くなってきてないかな
大丈夫《だいじょうぶ》かな…
そんなもんでしょ

カーネギーのことば

年月《ねんげつ》がたつにつれて、私《わたし》は徐々《じょじょ》に自分《じぶん》が悩《なや》んでいたことの九十九《きゅうじゅうきゅう》パーセントは決《けっ》して起《お》こらないのを知《し》った。

その心配《しんぱい》、本当《ほんとう》に起《お》こると思《おも》ってる？

記録《きろく》を調《しら》べてみましょう……
記録《きろく》に当《あ》たりましょう。

——アル・スミス（アメリカの政治家《せいじか》）

［齋藤《さいとう》先生《せんせい》の解説《かいせつ》］

めったに起《お》きないことを心配《しんぱい》するのを「とりこし苦労《ぐろう》」と言《い》います。「杞憂《きゆう》」という言葉《ことば》もあるよ。「杞《き》」という国《くに》の人《ひと》が「天《てん》が落《お》ちてきたらどうしよう」と心配《しんぱい》した話《はなし》からきているんだ。カーネギーさんは保険《ほけん》の話《はなし》を例《れい》にあげているよ。世界《せかい》で最初《さいしょ》につくられた保険会社《ほけんがいしゃ》は、船《ふね》が沈《しず》んだらお金《かね》を払《はら》う仕組《しく》みでした。船《ふね》はめったに沈《しず》まない。その確率《かくりつ》を知《し》っていたから、保険会社《ほけんがいしゃ》は大《おお》もうけしたんだって。確率《かくりつ》というのは、何回《なんかい》に一回《いっかい》それが起《お》きるかという割合《わりあい》のこと。たとえばバイクで事故《じこ》を起《お》こす確率《かくりつ》はけっこう高《たか》い。だからあんまり無理《むり》して乗《の》らないほうがいいよね。でも飛行機《ひこうき》が落《お》ちて死《し》ぬ確率《かくりつ》はすごく低《ひく》いからそんなに心配《しんぱい》しなくていい。確率《かくりつ》は大事《だいじ》だから、何《なに》がどのぐらい起《お》こるか、ちゃんと調《しら》べたほうがいいよね。

Q 09 遠足《えんそく》の前《まえ》の日《ひ》に風邪《かぜ》をひいてしまった

どうしようもないことは、受《う》け入《い》れよう！運命《うんめい》にはさからわない！

カーネギーのことば

私《わたし》たちが避《さ》けようのないものに文句《もんく》をつけ、反抗《はんこう》してみたところで、避《さ》けようのないもの自体《じたい》を変《か》えることはできない。だが、自分自身《じぶんじしん》を変《か》えることはできるだろう。

熱《ねつ》もあってフラフラだし仕方《しかた》ないな…
遠足《えんそく》の夢《ゆめ》見《み》たらいいじゃない♪

どうしようもないことにジタバタしても苦《くる》しいだけ

［齋藤《さいとう》先生《せんせい》の解説《かいせつ》］

どうしようもないことは、いさぎよく受《う》け入《い》れたほうがいいんだよ。そうすると気持《きも》ちがラクになるからね。ぼくがいる大学《だいがく》でも「本当《ほんとう》はあっちの大学《だいがく》に行《い》きたかったんだけど、落《お》ちてこの大学《だいがく》にきました」という学生《がくせい》がときどきいるんだ。四月《しがつ》になって、もうこの大学《だいがく》に入学《にゅうがく》しているのに「やっぱりあっちの大学《だいがく》に行《い》きたかった」と言《い》っているので、「ここですごくいい授業《じゅぎょう》をやっているから、この大《だい》学《がく》にきてよかったと思《おも》うようになるよ」と言《い》ってあげます。どうしようもないことを考《かんが》えていてもしかたないよね。起《お》きたことは変《か》わらないから、自分《じぶん》を変《か》えるしかないんだ。そうやって自分《じぶん》の見方《みかた》を変《か》えよう、と落《お》ち着《つ》いて考《かんが》えられるようになれば、たいていのことは受《う》け入《い》れられるんだよ。

月《つき》を求《もと》めて泣《な》かぬよう、
こぼれたミルクを悔《く》やまぬよう、
余《よ》に教《おし》えよ。

——ジョージ五世《ごせい》（英国国王《えいこくこくおう》）

Q 10

目《め》が細《ほそ》いのをずうっとなやんでいる

これってホントに
なやむ価値《かち》あるの？
時間《じかん》とエネルギーの
ムダじゃない？
なやむの、
ストップ！

ボク目《め》が細《ほそ》いんだよね…
個性《こせい》だからいいんじゃない？
そんなことよりこの石《いし》カブトムシに似《に》てない？

カーネギーのことば

あることに対《たい》して
我々《われわれ》の人生《じんせい》そのものを余分《よぶん》に支払《しはら》うのは
愚《ぐ》の骨頂《こっちょう》にほかならない。

なやむのストップ！って言《い》ってみよう

［齋藤先生《さいとうせんせい》の解説《かいせつ》］

ぼくも「背《せ》がもっと高《たか》かったらな」となやんでいたときがあったんだ。でもなやんで背《せ》が高《たか》くなるならいくらでもなやむけど、これってもう運命《うんめい》で決《き》まっているから、どうにもならないよね。それでぼくはこう考《かんが》えてみた。「背《せ》が高《たか》くないと困《こま》ることってある？」「バスケット選手《せんしゅ》だと困《こま》る」「じゃ、バスケット選手《せんしゅ》になるの？」「ならない」「じゃ、どうでもいいじゃん」。なやんでいるときは、「もしかしてそれってなやむ価値《かち》があるの？」と聞《き》いてみるといいよ。どうしようもないことになやんでいてもその時間《じかん》とエネルギー、むだなんじゃないかな。なやむのがやめられなかったら、「はい、なやむのストップ、なやむのストップ」と何回《なんかい》も言《い》ってみよう。そして「はーい、終了《しゅうりょう》！　なやみのみなさん、お帰《かえ》りくださ～い」と言《い》ってみるとすごく効《き》くよ。

しかし人間《にんげん》は一生《いっしょう》の半分《はんぶん》を口論《こうろん》で費《つい》やすひまはないからね。
誰《だれ》かが私《わたし》に対《たい》する攻撃《こうげき》をやめれば、
私《わたし》は彼《かれ》の過去《かこ》をいっさい水《みず》に流《なが》すよ。

――リンカーン（アメリカ大統領《だいとうりょう》）

Q 11

ぼくのミスでサッカーの試合《しあい》に負《ま》けた……

こぼれたミルクを悔《く》やんでもムダ！過《か》去《こ》というおがくずをノコギリで挽《ひ》くのは、ばかげてる！

カーネギーのことば

過《か》去《こ》を建《けん》設《せつ》的《てき》なものにする方《ほう》法《ほう》は、天《てん》下《か》広《ひろ》しといえども、ただ一《ひと》つしかない。過《か》去《こ》の失《しっ》敗《ぱい》を冷《れい》静《せい》に分《ぶん》析《せき》して何《なに》かの足《た》しにする――あとは忘《わす》れ去《さ》ることだ。

悔《く》やんでも仕《し》方《かた》ないよ！
サッカーの神《かみ》様《さま》も もしかすると許《ゆる》してくれるかもしれないし！
つっ
許《ゆる》してくれないかもしれないの…!?

起《お》きてしまったことをくよくよするのはムダ

［齋藤先生《さいとうせんせい》の解説《かいせつ》］

「こぼれたミルクを悔《く》やんでもムダ」というのは、英語《えいご》のことわざです。もう過《す》ぎちゃったことをいくら嘆《なげ》いてもしかたないんだ。カーネギーさんはおもしろいことを言《い》っているよ。のこぎりで木《き》を切《き》ると木《き》のくず、つまり「おがくず」が出《で》るんだけど、「そのおがくずをもう一回《いっかい》、のこぎりで切《き》ろうとしますか?」って。過去《かこ》というのは、のこぎりで切《き》って出《で》てきたおがくずなんだ。それにこだわっていつまでもいじいじしているのはばかげているよね。

たとえば事故《じこ》で足《あし》を失《うしな》ったとして、そのことを悔《く》やんでみても足《あし》は戻《もど》らない。それより良《よ》い義足《ぎそく》を手《て》に入《い》れて、動《うご》きやすいよう練習《れんしゅう》してみよう。パラリンピックに出《で》てがんばっている人は、みんなそうだよ。過去《かこ》はおがくずだと思《おも》って、前《まえ》を向《む》こうね。

賢《かしこ》い人《ひと》たちは座《すわ》ったまま損失《そんしつ》を嘆《なげ》いたりはしない。
元気《げんき》よくその損害《そんがい》を償《つぐな》う方策《ほうさく》を探《さが》すのだ。

——シェイクスピア（イギリスの劇作家《げきさっか》）

COLUMN《コラム》

カーネギーおじさんって、どんな人《ひと》？

この本《ほん》の元《もと》になった『道《みち》は開《ひら》ける』を書《か》いたのは、デール・カーネギーさんという人《ひと》です。いまから130年《ねん》くらい前《まえ》、アメリカの農家《のうか》のおうちに生《う》まれた人《ひと》なんだ。学校《がっこう》の先生《せんせい》になりたかったのに、うまくいかなくて、セールスマンになったり、俳優《はいゆう》をめざしたり、いろいろ苦労《くろう》したんだよ。ゴキブリがたくさんいる汚《きたな》いアパートで暮《く》らしていたこともあったんだって。カーネギーさん自身《じしん》がたくさんなやみを抱《かか》えながら、生《い》きてきた人《ひと》だったんだね。

だから、のちに夜間学校《やかんがっこう》の「話《はな》し方教室《かたきょうしつ》」の先生《せんせい》になったとき、生徒《せいと》たちがいろんななやみを持《も》っているのを知《し》って、思《おも》ったんだ。「みんなもぼくみたいになやんでいる。なやみを解決《かいけつ》する本《ほん》があったらいいのにな」って。そして書《か》き上《あ》げたのがこの本《ほん》なんだよ。ほかにもカーネギーさんはたくさんの本《ほん》を書《か》いて、いまでも世界中《せかいじゅう》でその本《ほん》が売《う》れ続《つづ》けている有名《ゆうめい》な大作家《だいさっか》です。

第《だい》2章《しょう》

なやまないでいられる方法《ほうほう》ってあるの？

なやみって、あるていどは少《すく》なくすることができる、
とカーネギーさんは言《い》っています。
いったいどんなことをすれば、なやみを小《ちい》さくできるんだろう。

Q 12 今度《こんど》のクラス、つまんなそう。友《とも》だちできるかな

すべては
気《き》持《も》ちの持《も》ちよう。
なやみの原因《げんいん》は、
外《そと》じゃなくて、
自分《じぶん》の考《かんが》え方《かた》にある！
楽《たの》しそうにすれば、
楽《たの》しくなるよ！

カーネギーのことば

心《こころ》の安《やす》らぎや喜《よろこ》びは、
自分《じぶん》の居場所《いばしょ》や持《も》ち物《もの》や、身分《みぶん》によって左右《さゆう》されるのではなく、
気《き》持《も》ちの持《も》ちよう一《ひと》つで決《き》まる。

楽《たの》しいなー！
なんだかわからないけど
すごく楽《たの》しそうな子《こ》が
クラスにいる…！

明《あか》るくふるまっていれば、楽《たの》しいことが集《あつ》まってくる

［齋藤《さいとう》先生《せんせい》の解説《かいせつ》］

なやみの原因《げんいん》って、実《じつ》は外《そと》じゃなくて、自分《じぶん》の中《なか》にあるんだよ。要《よう》するに自分《じぶん》の気持《きも》ちの持《も》ち方《かた》ひとつなんだ。たとえば「こんなひどい目《め》に合《あ》うのは自分《じぶん》だけだ」と落《お》ち込《こ》んだとしても、世界《せかい》に目《め》を向《む》ければ、飢《う》えや戦争《せんそう》で苦《くる》しんでいる人たちもいるよね。それに比《くら》べれば、日本《にほん》は平和《へいわ》。「ああ、自分《じぶん》は幸《しあわ》せなんだ」と思《おも》い直《なお》せるよ。「今度《こんど》のクラス、つまんなそう」と思《おも》っても、そういう顔《かお》をしていると、よけいにつまんなくなっちゃう。だから気持《きも》ちを切《き》りかえて、「今度《こんど》のクラス、楽《たの》しそう」と思《おも》っていると、友《とも》だちもできやすいんだ。友《とも》だちが一人《ひとり》できたら、「このクラス、すごく楽《たの》しい。天国《てんごく》！」と思《おも》って、人《ひと》にもどんどん「楽《たの》しい」と言《い》っていこう。ますます楽《たの》しくなって、友《とも》だちも増《ふ》えるよ。

我々《われわれ》の人生《じんせい》とは、
我々《われわれ》の思考《しこう》がつくり上《あ》げるものにほかならない。

——マルクス・アウレリウス（ローマの哲学者《てつがくしゃ》）

Q13 悪口《わるぐち》を言《い》われた。ぜったい仕返《しかえ》しがしたい！

人《ひと》への仕《し》返《かえ》しは、自《じ》分《ぶん》を傷《きず》つけるよ！キライな人《ひと》のことを考《かんが》えるのは、時《じ》間《かん》のムダだよ！

カーネギーのことば

仕返《しかえ》しをしてはならない。敵《てき》を傷《きず》つけるよりも自分《じぶん》を傷《きず》つける結果《けっか》となるからだ。

シャチくんに悪口《わるぐち》言《い》われた…シャチくんの飲《の》みかけのジュースを飲《の》みきってやりたい…！
まあまあ 新《あたら》しいジュース飲《の》みなよ

仕返《しかえ》しをしても、気分《きぶん》はよくならないよ

［齋藤先生《さいとうせんせい》の解説《かいせつ》］

「あの人《ひと》、きらい。もうぜったい仕返《しかえ》ししたい」と思《おも》ったとします。でもそれで仕返《しかえ》ししたとしても、そんなに気分《きぶん》はよくなるかな？　悪口《わるぐち》を言《い》われたから言《い》い返《かえ》す。そしたら相手《あいて》も言《い》い返《かえ》してくる。もう無限《むげん》に戦争《せんそう》になっちゃう。そうなっても別《べつ》に楽《たの》しいわけじゃないよね。キリストなんか「7たびを70倍《ばい》するまで許《ゆる》しなさい」だって。7回《かい》×70倍《ばい》だと490回《かい》。いやなことをされてもそれくらい許《ゆる》すんだ。キリストはやっぱりすごいね。じゃ、いやな人《ひと》をどうしたらいいのかというと、そういう人《ひと》には近《ちか》づかない。その人《ひと》のことを考《かんが》えるだけ、時間《じかん》のムダです。いやな人《ひと》と会《あ》わなきゃいけないときは「注射《ちゅうしゃ》はこわがると、よけい痛《いた》い。いやな人《ひと》だと思《おも》っていると、よけいいやになるから気《き》にしないようにしよう」と思《おも》っていると、気《き》がラクになるよ。

敵《てき》のために暖炉《だんろ》を熱《ねっ》しすぎて
おのが身《み》を焦《こ》がさぬように。

——シェイクスピア（イギリスの劇作家《げきさっか》）

Q14 宿題《しゅくだい》を手《て》伝《つだ》ってあげたのに、ありがとうも言《い》わないなんて

「もー、ぜんぜん感謝《かんしゃ》してくれない！」って考《かんが》えるからいやになる。感謝《かん しゃ》を期待《き たい》しなければ、かえってラクだよ！

カーネギーのことば

人間《にんげん》は生《う》まれつき感謝《かんしゃ》を忘《わす》れやすくできている。
だから絶《た》えず感謝《かんしゃ》を期待《きたい》していることは、
自《みずか》ら進《すす》んで心痛《しんつう》を求《もと》めていることになる。

ありがとうがなかったなあ
拾《ひろ》ってきた木《き》を削《けず》って
野《や》球《きゅう》のバットを作《つく》る
宿題《しゅくだい》手伝《てつだ》ったのに…
どんな宿題《しゅくだい》…!?

恩《おん》知《し》らずのことをされても気にしない

〔齋藤《さいとう》先生《せんせい》の解説《かいせつ》〕

いろいろやってあげたのに、ぜんぜん感謝《かんしゃ》してもらえないっていうことは、よくあるんだよ。カーネギーさんはすごいことを言《い》っています。「人《ひと》はそもそも感謝《かんしゃ》なんてしないんだ。感謝《かんしゃ》するのは親《おや》からちゃんと教育《きょういく》された一部《いちぶ》の人《ひと》だけ。だから感謝《かんしゃ》してほしいと思《おも》うのが間違《まちが》い。人《ひと》に期待《きたい》するな」って。ぼくはそれを聞《き》いて、すごく気持《きも》ちがラクになりました。何《なに》をしても感謝《かんしゃ》されないのがあたりまえだと思《おも》えば、腹《はら》が立《た》つこともなくなるよ。でもだからといって、「じゃあ、自分《じぶん》も感謝《かんしゃ》するのをやめよう」とするのは間違《まちが》いだよ。ちゃんと感謝《かんしゃ》できる人《ひと》は好《す》かれるんだ。いつも人《ひと》から助《たす》けてもらえるし、友《とも》だちも増《ふ》える。自分《じぶん》はちゃんと感謝《かんしゃ》するけど、人《ひと》には求《もと》めないというのが、心《こころ》が乱《みだ》れないですむ方法《ほうほう》だよ。

感謝《かんしゃ》の心《こころ》はたゆまぬ教養《きょうよう》から得《え》られる果実《かじつ》である。
それを粗野《そや》な人々《ひとびと》の中《なか》に発見《はっけん》することはない。

——サミュエル・ジョンソン（イギリスの文学者《ぶんがくしゃ》）

Q15 お金《かね》もちの友《とも》だちがうらやましいんだ

この両目《りょうめ》は1億円《おくえん》でも売《う》らないよね。
自分《じぶん》にないものを考《かんが》えない!
自分《じぶん》がもっているものに感謝《かんしゃ》しよう!

カーネギーのことば

自分《じぶん》に備《そな》わっているものをほとんど顧慮《こりょ》せずに、いつも欠《か》けているものについて考《かんが》える傾向《けいこう》こそ、地上最大《ちじょうさいだい》の悲劇《ひげき》と言《い》ってもよい。

クワガタムシくんのあのツノがかっこよくてうらやましい…
いやいや
似《に》たツノ持《も》ってる…!!

ないものを数《かぞ》えないで、あるものを数《かぞ》えよう

［齋藤《さいとう》先生《せんせい》の解説《かいせつ》］

人《ひと》を見《み》て、うらやましいと思《おも》うことがあるよね。でもよく考《かんが》えてみて。うらやましがってもキリがないよ。それより自分《じぶん》にあるものを見《み》たほうがいいと、カーネギーさんは言《い》っています。たとえばみんなは目《め》があるよね。「その両目《りょうめ》を売《う》ってください」と悪魔《あくま》に言《い》われたらどうする？「1000円《えん》で売《う》ってくれますか」「売《う》るわけないじゃん」「じゃ、100万円《まんえん》」「売《う》らないよ」「それじゃ1億《おく》円《えん》」「1億円《おくえん》はすごいけど、目《め》が見《み》えなくなるのはいやっ！」。ぜったい売《う》らないよね。とすると、この目《め》には1億円以上《おくえんいじょう》の価値《かち》があるということになるんだ。みんなはそれくらいすごいものをもっているんだよ。「自分《じぶん》がもっているものに感謝《かんしゃ》しよう」とカーネギーさんは言《い》っています。その通《とお》りだとぼくも思《おも》います。

世界一《せかいいち》の名《めい》ドクターは、
食事《しょくじ》ドクターと静寂《せいじゃく》ドクター、
そして陽気《ようき》ドクターだ。

――**ジョナサン・スウィフト**（イギリスの作家《さっか》）

Q 16 背《せ》が高《たか》くてかっこいい友《とも》だちがうらやましい

どんなときも
自分《じぶん》らしく
ふるまおう！
自分《じぶん》は自分《じぶん》！
自分《じぶん》らしさを
つらぬこう！

カーネギーのことば

自分《じぶん》が他人《たにん》と違《ちが》うからといって一瞬《いっしゅん》にもせよ悲観《ひかん》することはない。あなたはこの世《よ》の新《あたら》しい存在《そんざい》なのだ。

キリンくらい背《せ》が高《たか》くてかっこいいんだよ 長《なが》い首《くび》で、草《くさ》も食《た》べて
それ、キリンじゃない…？？

郵便はがき

5 7 8-8 7 9 0

料金受取人払郵便

河内郵便局
承　認

508

差出有効期間
2021年3月
20日まで

(期間後は
切手を
お貼り下さい)

東大阪市川田3丁目1番27号

株式会社 創元社 通信販売係

創元社愛読者アンケート

今回お買いあげ
いただいた本

[ご感想]

本書を何でお知りになりましたか(新聞・雑誌名もお書きください)

1. 書店　2. 広告(　　　　　　　　)　3. 書評(　　　　　　　　)　4. Web

5. その他

◉この注文書にて最寄の書店へお申し込み下さい。

書籍注文書	書　名	冊数

◉書店ご不便の場合は直接御送本も致します。

代金は書籍到着後、郵便局もしくはコンビニエンスストアにてお支払い下さい。（振込用紙同封）購入金額が3,000円未満の場合は、送料一律360円をご負担下さい。3,000円以上の場合は送料は無料です。

※購入金額が1万円以上になりますと代金引換宅急便となります。ご了承下さい。（下記に記入）
希望配達日時
【　月　日 午前・午後　14-16 ・ 16-18 ・ 18-20 ・ 19-21】
（投函からお手元に届くまで7日程かかります）

※購入金額が1万円未満の方で代金引換もしくは宅急便を希望される方はご連絡下さい。

通信販売係　Tel 072-966-4761　Fax 072-960-2392
Eメール tsuhan@sogensha.com
※ホームページでのご注文も承ります。

〈太枠内は必ずご記入下さい。（電話番号も必ずご記入下さい。）〉

お名前	フリガナ	歳
		男・女
ご住所	フリガナ	
	□□□-□□□□　E-mail: TEL　－　－	

メルマガ
会員募集中!
お申込みはこちら

※ご記入いただいた個人情報につきましては、弊社からお客様へのご案内以外の用途には使用致しません。

人《ひと》の真似《まね》をしない。自分《じぶん》の良《よ》さを知《し》ろう

〔齋藤先生《さいとうせんせい》の解説《かいせつ》〕

身長《しんちょう》が低《ひく》いとか、顔《かお》が美人《びじん》やイケメンでないとしても、それはおとうさんとおかあさんから受《う》けついだ遺伝子《いでんし》によるものだから、どうしようもないよね。それを「欠点《けってん》」ととらえるんじゃなくて、「個《こ》性《せい》」と考《かんが》えればいいんだ。そうすれば、自分《じぶん》らしさをつらぬこうという気《き》になります。ぼくは音楽《おんがく》のセンスがなくて音痴《おんち》だった上《うえ》に、リズム感《かん》が悪《わる》かったんだ。さらに手先《てさき》も不器用《ぶきよう》だったから、美術《びじゅつ》や音楽《おんがく》が得意《とくい》な人《ひと》がうらやましかった。でも本《ほん》を読《よ》んだり、文章《ぶんしょう》を書《か》いたり、言葉《ことば》をつかうことはわりと得《とく》意《い》だったので、それを伸《の》ばしていって、いまがあります。だからみんなも、ほかの人をうらやましいと思《おも》う前《まえ》に「自分《じぶん》は自分《じぶん》。自分《じぶん》ができることをつらぬこう」と思《おも》おうね。そうすれば「個性《こせい》」が伸《の》びて、かっこいい人《ひと》になれるよ。

人間《にんげん》の中《なか》に潜《ひそ》む力《ちから》はもともと新鮮《しんせん》である。
自分《じぶん》に何《なに》ができるかを知《し》っている人間《にんげん》は自分《じぶん》以外《いがい》にないが、
自分《じぶん》でさえ試《こころ》みるまではわからない。

——**ラルフ・ワルド・エマーソン**（アメリカの思想家《しそうか》）

Q 17 席《せき》がえで、いじめっこのとなりの席《せき》になっちゃった

**いまあるもので勝負《しょうぶ》する！
運命《うんめい》がすっぱいレモンを
くれたら
レモネードを
つくっちゃおう！**

カーネギーのことば

人間《にんげん》の驚嘆《きょうたん》すべき特質《とくしつ》の一《ひと》つは「マイナスをプラスに変《か》える」能力《のうりょく》である。

いじめっこと
にらめっこしたり
鬼《おに》ごっこして
にっこにこになってみるよ
「っこ」が多《おお》いなぁ…！

いやなことも 考《かんが》え方《かた》を変《か》えて 楽《たの》しめばいい

［齋《さい》藤《とう》先《せん》生《せい》の解《かい》説《せつ》］

レモンってすっぱくて、そのままじゃ食《た》べられないよね。アメリカではレモンは「不良品《ふりょうひん》」という意《い》味《み》があるんだって。レモンを与《あた》えられたら、カーネギーさんは、落《お》ち込《こ》むんじゃなくておいしいレモネードをつくっちゃうんだって。みんなも、もし自《じ》分《ぶん》の席《せき》のとなりにいやな子《こ》がきたら、「いやだな」と思《おも》わないで、楽《たの》しんじゃえばいいんだ。「この子《こ》と1カ月《かげつ》で友《とも》だちになるチャレンジ」というゲームにするとか。話《はな》してみたら、あんがいいい子《こ》かもしれないし。もし雨《あめ》が降《ふ》ってきて、傘《かさ》がなかったら、「今日《きょう》は雨《あめ》を楽《たの》しむ！」と決《き》めて、ずぶぬれになって帰《かえ》るとおもしろいよ。ぼくは出張《しゅっちょう》で帰《かえ》りの飛行機《ひこうき》が飛《と》ばなかったとき、もう一日《いちにち》温泉《おんせん》に入《はい》って楽《たの》しんで帰《かえ》りました。運命《うんめい》がすっぱいレモンをくれたら、それを楽《たの》しんじゃえばいいんだよ。

窮乏《きゅうぼう》に耐《た》えるだけでなく、
それを愛《あい》するのが超人《ちょうじん》である。

――ニーチェ（ドイツの哲学者《てつがくしゃ》）

Q18 なやむのはやめられないのかなあ

どうしたら人《ひと》を笑顔《えがお》にできるだろう？
これを毎日《まいにち》
2週間《しゅうかん》考《かんが》えてみよう！
なやみはきっと
消《き》えるよ！

カーネギーのことば

他人《たにん》に興味《きょうみ》を持《も》つことによって自分自身《じぶんじしん》を忘《わす》れよう。
毎日《まいにち》、誰《だれ》かの顔《かお》に喜《よろこ》びの微笑《ほほえ》みが浮《う》かぶような善行《ぜんこう》を心《こころ》がけよう。

ほら、笑顔《えがお》になってほしくてズッキーニ持《も》ってきたよ♪
キュウリが好《す》きなんだけど
でも うれしい

なやみというモンスターにエサを与《あた》えない

［齋藤《さいとう》先生《せんせい》の解説《かいせつ》］

なやみって、なやめばなやむほど、それをエサにして大《おお》きくなるんだよ。だから「なやみ」というモンスターにエサを与《あた》えないこと。そのためにどうすればいいのかというと、「どうやったら人《ひと》を笑顔《えがお》にできるか」を考《かんが》えればいいんだ。自分《じぶん》のなやみで頭《あたま》がいっぱいのときは、「人《ひと》のことなんて関係《かんけい》ない」と思《おも》うかもしれないけど、でも考《かんが》えてみて。人《ひと》が笑《え》顔《がお》になったら、自分《じぶん》も楽《たの》しいよ。お笑《わら》い芸人《げいにん》の明石《あかし》家《や》さんまさんは、人《ひと》がちょっとおもしろい話《はなし》をするだけで床《ゆか》を転《ころ》げ回《まわ》って笑《わら》うんだ。その姿《すがた》を見《み》てみんなが笑《わら》って、スタジオ全体《ぜんたい》が笑《わら》って、でもいちばん笑《わら》ってるのはさんまさん。ぼくも学生《がくせい》のみんなが笑《わら》ってくれるから授業《じゅぎょう》がやりたくなっちゃうんだ。みんなも「人《ひと》を笑顔《えがお》にしよう」と思《おも》っていると、自《じ》分《ぶん》のなやみを忘《わす》れられるよ。

他人《たにん》に対《たい》して善《ぜん》を行《おこな》う時《とき》、
人間《にんげん》は自己《じこ》に対《たい》して最善《さいぜん》を行《おこ》なっているのである。

——ベンジャミン・フランクリン（アメリカの政治家《せいじか》）

Q 19 どうしたら気《き》持《も》ちがラクになるの

なやんだら、お祈《いの》りしてみよう！エネルギーが湧《わ》いてくるよ！

カーネギーのことば

祈《いの》りは神《かみ》を信《しん》じる信《しん》じないは別《べつ》として、あらゆる人々《ひとびと》が共有《きょうゆう》する非常《ひじょう》に根源的《こんげんてき》な三《みっ》つの心理的欲求《しんりてききょっきゅう》を満《み》たしてくれるのである。

あとひとり強《つよ》いお供《とも》がほしいです…最《さい》悪《あく》、鬼《おに》でもいいです…
鬼《おに》はダメでしょ！

「お祈《いの》りパワー」をつかうのは誰《だれ》でもできる

［齋《さい》藤《とう》先《せん》生《せい》の解《かい》説《せつ》］

「困《こま》ってどうしようもなくなったら、お祈《いの》りしよう」とカーネギーさんは言《い》っています。べつにキリスト教《きょう》や仏教《ぶっきょう》でなくてもいいんだよ。どんな人《ひと》でもお祈《いの》りできます。天《てん》に「お願《ねが》いします」って言《い》えばいいだけ。日本《にほん》のことわざにも「人事《じんじ》を尽《つ》くして天《てん》命《めい》を待《ま》つ」というものがあるんだ。人《ひと》がやれることは全部《ぜんぶ》やって、あとは天《てん》にまかせる。大《おお》きな自動車《じどうしゃ》会社《がいしゃ》をつくったヘンリー・フォードさんも、「すべては神《かみ》が決《き》めてくれるので、なやんだことはありません」と答《こた》えているんだ。かっこいいよね。「天《てん》」とか「神《かみ》」というものを考《かんが》えるとエネルギーが湧《わ》いてくるよ。みんなも発表会《はっぴょうかい》とか試合《しあい》の前《まえ》など、ドキドキしたり、困《こま》ったことが起《お》きたら、「神様《かみさま》、お願《ねが》いします」と祈《いの》ってみよう。「お祈《いの》りパワー」が救《すく》ってくれるよ。

祈《いの》りは人間《にんげん》が生《う》み出《だ》し得《う》る最《もっと》も強力《きょうりょく》なエネルギーである。

——アレクシス・カレル（フランスの外科医《げかい》）

COLUMN《コラム》

『道《みち》は開《ひら》ける』って、どんな本《ほん》なの？

『道《みち》は開《ひら》ける』は、同《おな》じくカーネギーさんが書《か》いた『人《ひと》を動《うご》かす』という本《ほん》とセットになって売《う》られることが多《おお》いんだよ。『人《ひと》を動《うご》かす』は人《ひと》とのつきあい方《かた》や仲良《なかよ》くなる方《ほう》法《ほう》について書《か》かれたもの、『道《みち》は開《ひら》ける』はだれもが持《も》つなやみの解決法《かいけつほう》について書《か》かれたものなんだ。この2冊《さつ》がカーネギーさんの〝2大名著《だいめいちょ》〟と呼《よ》ばれています。

カーネギーさんが『道《みち》は開《ひら》ける』を書《か》いたのは、みんながなやみごとを抱《かか》えているのに、解決策《かいけつさく》を書《か》いた本《ほん》がなかったからなんだ。ニューヨークの大《おお》きな図書館《としょかん》に行《い》ったのに、そういう本《ほん》はたったの22冊《さつ》しかなかったんだって。人《ひと》に寄生《きせい》する回虫《かいちゅう》の本《ほん》は189種類《しゅるい》もあったのにね。『道《みち》は開《ひら》ける』はカーネギーさんが経験《けいけん》したことや、たくさんの人《ひと》にインタビューしてわかったことが書《か》かれています。

「どうやったらなやみが解決《かいけつ》できるか」「なやみを軽《かる》くする方法《ほうほう》」「なやみをなくすには」などすぐ役《やく》に立《た》つことが書《か》かれている、とても実用的《じつようてき》な本《ほん》です。

第《だい》3章《しょう》

人《ひと》から何《なに》かされても気《き》にしない

なやみのなかでも深刻《しんこく》なのは、人《ひと》から悪口《わるぐち》を言《い》われたり、いじめられたりするもの。人《ひと》からいやなことをされたとき、深刻《しんこく》になやまないですむ方法《ほうほう》を、カーネギーさんが教《おし》えてくれるよ。

Q 20 テストでいちばんをとったら、まぐれだといやみを言《い》われた

いやなことを言《い》われるのは、うらやましがられているから。「ほめてくれてるんだ」くらいに思《おも》っておこう！

カーネギーのことば

蹴飛《けと》ばされたり、非難《ひなん》されたりした時《とき》、相手《あいて》はそれによって優越感《ゆうえつかん》を味《あじ》わおうとしている場合《ばあい》が少《すく》なくないことを覚《おぼ》えておこう。

成績《せいせき》よかったことまぐろだって言《い》われたから本《ほん》まぐろだよって受《う》け流《なが》してきたよ～
それまぐれじゃない？

嫉妬《しっと》されるくらい、自分《じぶん》はすごいって証拠《しょうこ》だね

［齋《さい》藤《とう》先《せん》生《せい》の解《かい》説《せつ》］

テストでいい点《てん》をとると、「たまたまでしょう」とか「家《いえ》にお金《かね》があって家庭教師《かていきょうし》つけてるからでしょ」とかいやみを言《い》ってくる子《こ》がいるよね。そういうときは、「この人《ひと》、私《わたし》をうらやましがってるな」と思《おも》っておけばいいんだ。「相当《そうとう》ひがんでるんだな」と思《おも》って、その人《ひと》に対《たい》して、「そう、たまたまなんだよ」と言《い》っておけばいいよ。「いやいや実力《じつりょく》だから」なんて言《い》うと、「なんだ、こいつ、調子《ちょうし》に乗《の》ってる」とますます悪口《わるぐち》を言《い》われるから言《い》い返《かえ》さないこと。いやみを言《い》う＝ほめられた、くらいに思《おも》ったほうがいいよね。言《い》われた瞬間《しゅんかん》は、ちょっといやな感《かん》じがするけど、それをスーッと受《う》け流《なが》す感《かん》じ。電《でん》車《しゃ》が通《とお》りすぎていくみたいに、「なんかうらやましがってるけど、シューンと行《い》っちゃったね」と思《おも》っておくと、気《き》にならないよ。

低俗《ていぞく》な人々《ひとびと》は偉人《いじん》の欠点《けってん》や愚行《ぐこう》に非常《ひじょう》な喜《よろこ》びを感《かん》じる。

――**ショーペンハウエル**（ドイツの哲学者《てつがくしゃ》）

Q 21

面《めん》と向《む》かって悪口《わるぐち》を言《い》ってくるんだ

いやなことを言《い》われたら、ただ笑《わら》おう！自分《じぶん》はベストを尽《つ》くすだけさ！

カーネギーのことば

他人《たにん》からの不当《ふとう》な批判《ひはん》を免《まぬが》れることはとうてい不可能《ふかのう》だが、もっと決定的《けっていてき》に重要《じゅうよう》なことが私《わたし》にはできるということだ。つまり、不公平《ふこうへい》な批判《ひはん》で傷《きず》つくかどうかは私次第《わたししだい》なのだ。

ハハハハ〜
そうそう これおばさんが着《き》てる服《ふく》みたいでしょ
人生《じんせい》先取《さきど》り〜 なんて
ハハハハ〜
これは本当《ほんとう》に大阪《おおさか》のおばさんが着《き》てそうなやつだな…

ただ笑《わら》うだけの人間《にんげん》にはそれ以上《いじょう》何《なに》も言《い》えない

［齋藤先生《さいとうせんせい》の解説《かいせつ》］

目《め》の前《まえ》で悪口《わるぐち》を言《い》われたら、いろんな対策《たいさく》があるんだけど、カーネギーさんは「もうただ笑《わら》っちゃえ」と言《い》っています。ぼくもこれはとてもいい方法《ほうほう》だと思《おも》って、やってみたんだ。たとえば「最近《さいきん》、太《ふと》りましたね」と言《い》われて、内心《ないしん》ムカついたんだけど、「ほんと、マジ太《ふと》っちゃって」と爆笑《ばくしょう》する。

そうやって笑《わら》い飛《と》ばしたら、相手《あいて》も笑《わら》うし、自分《じぶん》も気《き》がラクになって、なごやかな雰囲気《ふんいき》になりました。人《ひと》の言葉《ことば》に、「そのとおり！」と笑《わら》いのパワーで返《かえ》していくと、何《なに》を言《い》われても無敵《むてき》な感《かん》じがします。あとはベストを尽《つ》くせばいいだけ。太《ふと》っているのがまずいと思《おも》ったら、やせる努力《どりょく》をすればいい。とにかくその場《ば》は、何《なに》がきても全部《ぜんぶ》笑《わら》い飛《と》ばすつもりでいると、最強《さいきょう》のディフェンス力《りょく》を持《も》った気《き》になるよ。

私《わたし》は、いつも最善《さいぜん》を尽《つ》くすことを心《こころ》がけ、あとは古傘《ふるがさ》をかざして、非難《ひなん》の雨《あめ》で首筋《くびすじ》を濡《ぬ》らさないようにしている。

――マシュー・C・ブラッシュ（アメリカの実業家《じつぎょうか》）

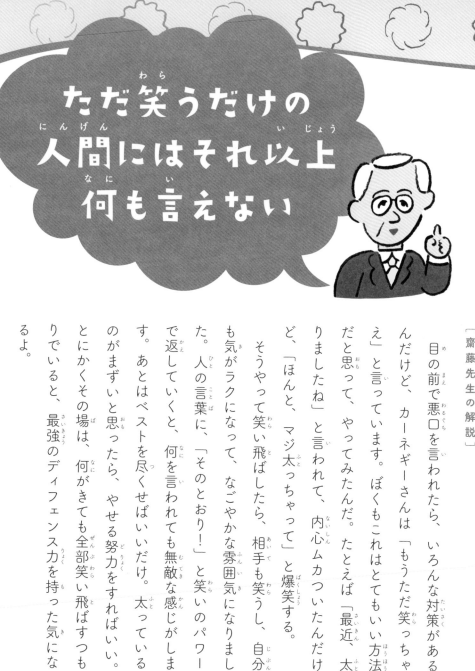

Q 22

ふざけてゲームをこわされた。許《ゆる》せない！

腹《はら》が立《た》ったときは、
自分《じぶん》がやった
バカなことを
思《おも》い出《だ》してみよう。
「ずいぶんあるなあ、
人《ひと》に優《やさ》しくしよう」って
思《おも》えるよ。

カーネギーのことば

怒《いか》りが込《こ》み上《あ》げてきた時《とき》、
それを制《せい》してこう言《い》うのだ。
「待《ま》てよ……俺《おれ》だって完全《かんぜん》無欠《むけつ》な人間《にんげん》ではないからな」。

まぁぼくも昔《むかし》
友達《ともだち》の家《いえ》の玄関《げんかん》を
壊《こわ》したことあるしね
…玄関《げんかん》を…!?

自分《じぶん》の失敗《しっぱい》を思《おも》い出《だ》せば、人《ひと》を責《せ》められない

〔齋藤《さいとう》先生《せんせい》の解説《かいせつ》〕

人《ひと》が「もう本当《ほんとう》に、とんでもないことをしてくれた！」と腹《はら》が立《た》ったとき、どうするか。「でも自分《じぶん》もやったことがあるんじゃないかな」と考《かんが》えてみよう。ぼくも小学生《しょうがくせい》のとき、ふざけて友《とも》だちのくつを放《ほう》り投《な》げたら、近《ちか》くにあった焼却炉《しょうきゃくろ》の中《なか》にスポっと入《はい》っちゃった。中《なか》で火《ひ》がもえていて、友《とも》だちのくつももえちゃいました。なんてバカなことをしたんだと思《おも》います。でも自分《じぶん》がやったバカなことはたいてい忘《わす》れちゃうんだ。だから人《ひと》が「なんてことしたんだ！」ってことをしても、許《ゆる》してあげよう。カーネギーさんは自分《じぶん》が失敗《しっぱい》したり、バカをやっちゃったことを、忘《わす》れないようにメモして、ときどき読《よ》み返《かえ》しているんだって。自分《じぶん》もそうだったと思《おも》えば、バカをやった人《ひと》に優《やさ》しくなれるよ。

誰《だれ》でも一日《いちにち》に少《すく》なくとも五分間《ごふんかん》は、
どうしようもない馬鹿《ばか》になる。
知恵《ちえ》とはその限界《げんかい》を越《こ》えない点《てん》にあるのだ。

——エルバート・ハバード（アメリカの思想家《しそうか》）

COLUMN《コラム》

『道《みち》は開《ひら》ける』って、どう読《よ》んだらいい？

この本《ほん》をどう読《よ》むか、注意点《ちゅういてん》について、カーネギーさん自身《じしん》が書《か》いているんだ。まず真剣《しんけん》に「なやみを解決《かいけつ》したい」と思《おも》うこと。「別《べつ》にどうでもいいや」と思《おも》っているとなかなか解決《かいけつ》できないんだよ。

それから「ここはすごい」「役《やく》に立《た》つ」と思《おも》ったところに、めだつように赤《あか》い線《せん》を引《ひ》くこと。みんなは本《ほん》を汚《よご》すのが「ちょっといやだな」と思《おも》うかもしれないけれど、本《ほん》は汚《よご》さないと自分《じぶん》の身《み》につかないんだ。ぼくの本《ほん》なんか、どれを見《み》ても、赤《あか》や青《あお》や緑《みどり》の線《せん》がいっぱい引《ひ》いてあります。

そして線《せん》を引《ひ》いたところは読《よ》み返《かえ》して、実際《じっさい》にやってみよう（図書館《としょかん》の本《ほん》にはしないでね）。読《よ》むだけじゃダメなんだよ。「やってみて」とカーネギーさんも言《い》っています。この本《ほん》に書《か》いてあることを、ひとつずつやっていけば、なやみなんかに負《ま》けない無敵《むてき》な人間《にんげん》に、みんなもなれるよ。

なやみや疲《つか》れは予防《よぼう》できるのかな

なやむ前《まえ》にふせげたら、こんないいことはないよね。
なやみが起《お》きるのは、心《こころ》や体《からだ》が疲《つか》れているときが多《おお》いんだよ。
疲《つか》れをふせいで、なやみを予防《よぼう》する方法《ほうほう》について考《かんが》えてみよう。

Q
23
いつもがんばりすぎて、疲《つか》れてしまうんだ

疲《つか》れたら、
まずやるのは
休《やす》むこと！
上手《じょうず》に休《やす》めば
やる気《き》も出《で》て、
勉強《べんきょう》も
ドンドンはかどるよ！

カーネギーのことば

疲労《ひろう》と悩《なや》みを予防《よぼう》する第一《だいいち》の鉄則《てっそく》は――
たびたび休養《きゅうよう》すること、
疲《つか》れる前《まえ》に休息《きゅうそく》せよ、である。

疲《つか》れる前《まえ》に休《やす》めば、それほどなやまないですむ

［齋藤《さいとう》先生《せんせい》の解説《かいせつ》］

がんばり続《つづ》けても、勉強《べんきょう》ははかどらないんだよ。それに疲《つか》れちゃうと、何《なに》もかもいやになって、投《な》げ出《だ》したくなります。いちばんいけないのが寝不足《ねぶそく》。睡眠《すいみん》が足《た》りないと、いやなことばかり考《かんが》えて、勉強《べんきょう》の効率《こうりつ》もあがらないんだ。カーネギーさんによると、休《やす》み休《やす》み仕事《しごと》をした人《ひと》と、全然休《ぜんぜんやす》まないで仕事《しごと》をした人《ひと》を比《くら》べてみたら、休憩《きゅうけい》を入《い》れた人《ひと》のほうが4倍《ばい》も仕事《しごと》ができたんだって。休《やす》みって大切《たいせつ》なんだね。ぼくは疲《つか》れたな、と思《おも》うと、ちょっとだけ寝《ね》るようにしているんだ。目《め》をつぶって、呼吸《こきゅう》をゆったりさせていると、一瞬《いっしゅん》寝《ね》てしまう。それでサッと起《お》きると脳《のう》がシャキッとして、やる気《き》が出《で》るよ。5分《ふん》目《め》をとじているだけでも、ラクになる。カーネギーさんは「疲《つか》れる前《まえ》に休《やす》みなさい」と言《い》っています。そうすれば疲《つか》れとなやみが予防《よぼう》できるんだ。

いかなる興奮《こうふん》や感情《かんじょう》の高《たか》ぶりも
「完全《かんぜん》な休養状態《きゅうようじょうたい》の中《なか》では存在《そんざい》し得《え》ない」
――エドマンド・ジェイコブソン（アメリカの生理学者《せいりがくしゃ》）

Q
24
人前《ひとまえ》に出《で》ると緊張《きんちょう》しちゃう

いつでも
リラックスしていよう！
体《からだ》を古《ふる》いくつした
のようにクタッと
ラクにしてね。
息《いき》はゆったりとね。

カーネギーのことば

「休《やす》め、休《やす》め。緊張《きんちょう》をほぐせ。しかめっ面《つら》はやめろ。休《やす》め、休《やす》め」。一分間《いっぷんかん》、静《しず》かに何回《なんかい》もこう言《い》い続《つづ》けることだ。

緊張《きんちょう》しないようにヨーロッパのおじいさんが大事《だいじ》にしてそうな使《つか》い古《ふる》されたあやつり人形《にんぎょう》になってみるよ
ゆりとこまかな設定《せってい》…！

力《ちから》を抜《ぬ》いて リラックスしよう

〔齋藤先生《さいとうせんせい》の解説《かいせつ》〕

緊張《きんちょう》するのは悪《わる》いことと思《おも》っているかもしれないけど、ぼうっとしてると失敗《しっぱい》するから、まずは緊張《きんちょう》してもいいんだ、って思《おも》おうね。それで、「緊張《きんちょう》したくないな」と思《おも》ったときは、体《からだ》をリラックスさせるんだ。カーネギーさんは「自分《じぶん》が古《ふる》い人形《にんぎょう》か、古《ふる》いくつしたみたいになったと思《おも》ってください」と言《い》っています。古《ふる》いくつしたって、よれよれだよね。あんな感《かん》じ。体《からだ》から力《ちから》を抜《ぬ》いて、だら〜んとする。そしたらふわーっとした気分《きぶん》にならないかな。それを「脱力《だつりょく》」っていうんだけど、これがリラックスのポイントなんだ。呼吸《こきゅう》はゆっくりね。息《いき》を吐《は》くときにゆっくり「ふーーーっ」と吐《は》くんだ。そして力《ちから》を抜《ぬ》いていく。あとはぼくのやり方《かた》だけど、軽《かる》くジャンプして体《からだ》をゆするのも、簡単《かんたん》にリラックスできる方法《ほう》だよ。

ほとんどの人《ひと》は、
困難《こんなん》な仕事《しごと》は努力《どりょく》する気持《きも》ちがなければ
うまくいかないと信《しん》じ込《こ》んでおり、
このことが大《おお》きな障害《しょうがい》となっている。

——ダニエル・W・ジョスリン（作家《さっか》）

Q 25 心配《しんぱい》ごとが多《おお》くて、元気《げんき》が出《で》ないよ

なやみを軽《かる》くするには、信頼《しんらい》できる人《ひと》に打《う》ち明《あ》けてみる！話《はな》すとラクになるよ！

カーネギーのことば

私《わたし》たちは誰《だれ》でも「打《う》ち明《あ》け話《ばなし》」や「胸《むね》のつかえを吐《は》き出《だ》すこと」によって、たちまち解放感《かいほうかん》を味《あじ》わえることを知《し》っている。

モモンガが飛《と》んできて背中《せなか》に当《あ》たらないか心配《しんぱい》なんです
街中《まちなか》ではきっと大丈夫《だいじょうぶ》だよ

なやみをはき出《だ》せば、ラクになる

［齋藤先生《さいとうせんせい》の解説《かいせつ》］

なやみや心配《しんぱい》ごとって、自分《じぶん》の内側《うちがわ》にいるモンスターだと思《おも》おう。ほうっておくと、どんどん大《おお》きくなっていく。そのモンスターをどうやって退治《たいじ》したらいいかというと、外《そと》に引《ひ》きずり出《だ》しちゃえばいいんだよ。つまりなやみや心配《しんぱい》ごとを人《ひと》に話《はな》して、聞《き》いてもらうんだ。でも話《はな》すのは信頼《しんらい》できる人《ひと》に限《かぎ》るよ。たとえば学校《がっこう》にスクールカウンセラーという人《ひと》がいれば、その人《ひと》に言《い》ってもいいし、担任《たんにん》の先生《せんせい》でもいいよね。もちろんおかあさんやおとうさんに話《はな》していいんだ。たとえば学校《がっこう》でいじめられているときは、親《おや》に言《い》えば、必《かなら》ず学校《がっこう》に伝《つた》えてくれるよ。友《とも》だちに相談《そうだん》するのもいいけど、「内緒《ないしょ》だよ」と言《い》ってもなかなか守《まも》ってもらえないこともあるかもしれない。まずは経験豊富《けいけんほうふ》な大人《おとな》に話《はな》してみるのがいいと思《おも》うよ。

私《わたし》たちは皆《みな》、自分《じぶん》たちの悩《なや》みを分《わ》かち合《あ》わねばなりません。
苦労《くろう》を分《わ》け合《あ》わねばなりません。
この世《よ》の中《なか》の誰《だれ》かが自分《じぶん》の悩《なや》みを聞《き》いてくれ、
理解《りかい》してくれると感《かん》じることが必要《ひつよう》なのです。
――ローズ・ヒルファーディング（医師《いし》）

Q 26
やることがたくさんありすぎて、もうパニック！

「あー、やらなきゃいけないことがいっぱい。でもやる気《き》にならないーー！」そんなときは、いちばん大事《だいじ》なことだけやってみよう！

宿題《しゅくだい》も塾《じゅく》もピアノも…
あーもうまずはそで口《ぐち》の毛玉《けだま》とることからやろう
毛玉《けだま》は最後《さいご》でいいと思《おも》う…！

カーネギーのことば

人間《にんげん》は必《かなら》ずしも物事《ものごと》をその重要性《じゅうようせい》に応《おう》じて処理《しょり》し得《え》ないことを知《し》っている。しかし、また一番重要《いちばんじゅうよう》な事柄《ことがら》を最初《さいしょ》に処理《しょり》するように計画《けいかく》するほうが、行《い》き当《あ》たりばったりのやり方《かた》よりも、はるかに良《よ》いことも知《し》っている。

机《つくえ》の上《うえ》を片《かた》づけて、いちばん大事《だいじ》なことをやろう

［齋藤《さいとう》先生《せんせい》の解説《かいせつ》］

宿題《しゅくだい》やらなきゃいけない、塾《じゅく》にも行《い》かなきゃいけないし、ピアノのおけいこもあって……。「もう、ああーっ」みたいに叫《さけ》びたくなることってあるよね。そういうときは「まあ落《お》ち着《つ》け」と自分《じぶん》に言《い》おう。そしていちばん大事《だいじ》なことは何《なに》かを考《かんが》えて、それだけをやってみるんだ。ぼくも経験《けいけん》があります。テストの前《まえ》に、「ああ、どれもやってない。わあーっ」となって、勉強《べんきょう》が手《て》につかなくなったんだ。それでいちばんできていないところだけやってみることにしたら、あんがい早《はや》くできたので、次《つぎ》は二番目《にばんめ》に大事《だいじ》なところだけをやってみた。そしたらテストでもまあまあの点《てん》が取《と》れました。この「だけ」というのがポイントだよ。気持《きも》ちがラクになるからね。もし時間切《じかんぎ》れになっても、いちばん大事《だいじ》なところはやってあるから大丈夫《だいじょうぶ》だよ。

秩序《ちつじょ》は天《てん》の第一《だいいち》の法則《ほうそく》である。

——アレクサンダー・ポープ（イギリスの詩人《しじん》）

Q 27 勉強《べんきょう》なんて、ぜんぜんおもしろくないんだけど

つまらない勉強《べんきょう》どうしたらいい？ゲームだと思《おも》えば、楽《たの》しめる！毎日《まいにち》自分《じぶん》に励《はげ》ましの言葉《ことば》をかけよう！

カーネギーのことば

あなたは起《お》きている時間《じかん》の半分近《はんぶんちか》くを仕事《しごと》に費《つい》やしており、その仕事《しごと》の中《なか》に幸福《こうふく》を発見《はっけん》できないのなら、幸福《こうふく》などどこにも見出《みいだ》すことはできないであろう。

この計算《けいさん》がはやくできた方《ほう》がスーパートロピカルポイントをもらえることにしよう！
ん？スーパートロピカルポイント…？？
何《なに》？何《なに》？

どうせなら、勉強《べんきょう》をゲームに変《か》えて楽《たの》しもう

［齋藤《さいとう》先生《せんせい》の解説《かいせつ》］

つまらない勉強《べんきょう》をおもしろくする、とっておきの方法《ほうほう》を教《おし》えるね。カーネギーさんは「何《なん》でもゲームにしちゃえ」と言《い》っているんだ。たとえば１００マス計算《けいさん》ってあるよね。ただやるだけなら、それほど楽《たの》しくない。でも時間《じかん》をはかって、何秒《なんびょう》でできるか試《ため》してみると、ゲームみたいになるんだ。「昨日《きのう》よりもっと早《はや》くなろう」と自分《じぶん》を励《はげ》ますとますますやる気《き》になるよ。友《とも》だちと競争《きょうそう》しても楽《たの》しいよね。ぼくがよくやったのは、負《ま》けたほうが相手《あいて》のランドセルをかついで帰《かえ》るというもの。勝《か》ったらどうするとか、目標《もくひょう》を決《き》めておくと、すごくもえて、やる気《き》がわいてくるよ。人間《にんげん》が動物《どうぶつ》と違《ちが》うのは、遊《あそ》ぶことができるからなんだって。だから、なんでもゲームにしちゃって、どんどん楽《たの》しもうね。

私《わたし》は一日《いちにち》たりと、いわゆる労働《ろうどう》などしたことがない。
何《なに》をやっても楽《たの》しくてたまらないから。

――トーマス・エジソン（アメリカの発明家《はつめいか》）

Q 28

いろいろ考《かんが》えると、夜《よる》、眠《ねむ》れなくなっちゃう

カラダを動《うご》かしてみよう！気《き》持《も》ちよく疲《つか》れると、気《き》分《ぶん》もよくなるよ！

カーネギーのことば

不眠症《ふみんしょう》を治《なお》す最良《さいりょう》の方法《ほうほう》の一《ひと》つは、庭《にわ》いじり・水泳《すいえい》・テニス・ゴルフ・スキー、その他《た》の肉体的《にくたいてき》な活動《かつどう》によって体《からだ》を疲労《ひろう》させることだ。

夜《よる》眠《ねむ》れるように
どんな運動《うんどう》して疲《つか》れようか…なぁ…
ムニャムニャ…
もう
眠《ねむ》たくなってる…！

体《からだ》が疲《つか》れれば眠《ねむ》くなる

［齋藤《さいとう》先生《せんせい》の解説《かいせつ》］

何《なに》か心配《しんぱい》ごとがあったり、いろいろ考《かんが》えちゃって、夜眠《よるねむ》れなくなることってあると思《おも》います。そんなときは運動《うんどう》したり、お風呂《ふろ》に入《はい》ってみよう。そうすると全身《ぜんしん》が気持《きも》ちよく疲《つか》れて、眠《ねむ》れるようになるんだ。ぼくはなかなか眠《ねむ》れないとき、テニスの素振《すぶ》りをやります。100回《かい》くらいやると疲《つか》れてくる。「でもまだできる。もう100回《かい》、もう100回《かい》」って、1000回《かい》までやったことがあるんだ。そこまでやると、体《からだ》はクタクタだけど、心《こころ》はもうスッキリ。なやんでいたことなんて、全部忘《ぜんぶわす》れちゃっう。江戸《えど》時代《じだい》のおさむらいさんはみんな素振《すぶ》りをやっていたんだよ。江戸《えど》時代《じだい》の終《お》わりに活躍《かつやく》した勝海舟《かつかいしゅう》や坂本龍馬《さかもとりょうま》という人《ひと》たちも、なやんだら刀《かたな》を振《ふ》ったらしい。考《かんが》えすぎると、頭《あたま》ばっかり使《つか》っちゃうから、体《からだ》を使《つか》ってバランスをとろう。気持《きも》ちがスカっとするよ。

ついに起《お》こらなかった害悪《がいあく》のために、
我々《われわれ》はいかに多《おお》くの時間《じかん》を費《つい》やしたことか！

——トーマス・ジェファーソン（アメリカの政治家《せいじか》）

左《ひだり》ページの修了証《しゅうりょうしょう》は、

特《とく》設《せつ》ページからもダウンロードできます

修《しゅう》了《りょう》証《しょう》

殿《どの》

あなたは、『こども「道《みち》は開《ひら》ける」』を読《よ》んで、

なやみを解決《かいけつ》する方法《ほうほう》をすすんで学《まな》ぶことができました。

これからも、カーネギーおじさんの教《おし》えを忘《わす》れず、

なやみのない明《あか》るい人生《じんせい》を、

たくましく生《い》きていってください。

年　月　日　カーネギーおじさん

きみの写真《しゃしん》

齋藤孝（さいとう・たかし）

1960年静岡県生まれ。明治大学文学部教授。東京大学法学部卒。専門は教育学、身体論、コミュニケーション論。『身体感覚を取り戻す』（NHK出版）で新潮学芸賞受賞。『声に出して読みたい日本語』（草思社）で毎日出版文化賞特別賞を受賞。同シリーズは260万部のベストセラーになり、日本語ブームを巻き起こした。主な著書に『読書力』『コミュニケーション力』（以上、岩波書店）、『語彙力こそが教養である』（KADOKAWA）、『大人の語彙力ノート』（SBクリエイティブ）、『言いたいことが一度で伝わる論理的日本語』『50歳からの名著入門』（以上、海竜社）等がある。著書累計発行部数は1000万部を超える。TBSテレビ「新・情報7daysニュースキャスター」、日本テレビ「世界一受けたい授業」等テレビ出演も多数。NHK Eテレ「にほんごであそぼ」総合指導。

カーネギーおじさんに教《おそ》わるシリーズ②

こども『道《みち》は開《ひら》ける』——なやみのなくし方《かた》

2020年1月20日　第1版第1刷発行

著　者	齋藤孝	
発行者	矢部敬一	
発行所	株式会社 創元社	
	〈本社〉	〒541-0047 大阪市中央区淡路町4-3-6
		電話　06-6231-9010（代）
	〈東京支店〉	〒101-0051　東京都千代田区神田神保町1-2 田辺ビル
		電話　03-6811-0662（代）
	〈HP〉 https://www.sogensha.co.jp/	
編集協力	辻由美子	
イラスト	ニシワキタダシ	
ブックデザイン	小口翔平＋岩永香穂＋喜來詩織（tobufune）	
印　刷	図書印刷	